D1097281
Multnomah County Library
Title Wave Used B
216 NE Knott St, Port
503-9

En la orilla dos pelícanos saltan en lugar de volar. ¿Ves cómo están de negras sus barrigas? Están cubiertos con petróleo. No pueden volar y tampoco nadar.

Las aves de agua como los pelícanos, cisnes, garzas, patos y gansos tienen plumas especiales que se ajustan como el Velcro® para crear un traje de buceo a prueba de agua.

Un traje de buceo es un traje protector que usan las personas que trabajan o se divierten en el agua fría. El traje no deja entrar el agua y la persona que lo utiliza se mantiene seca y caliente.

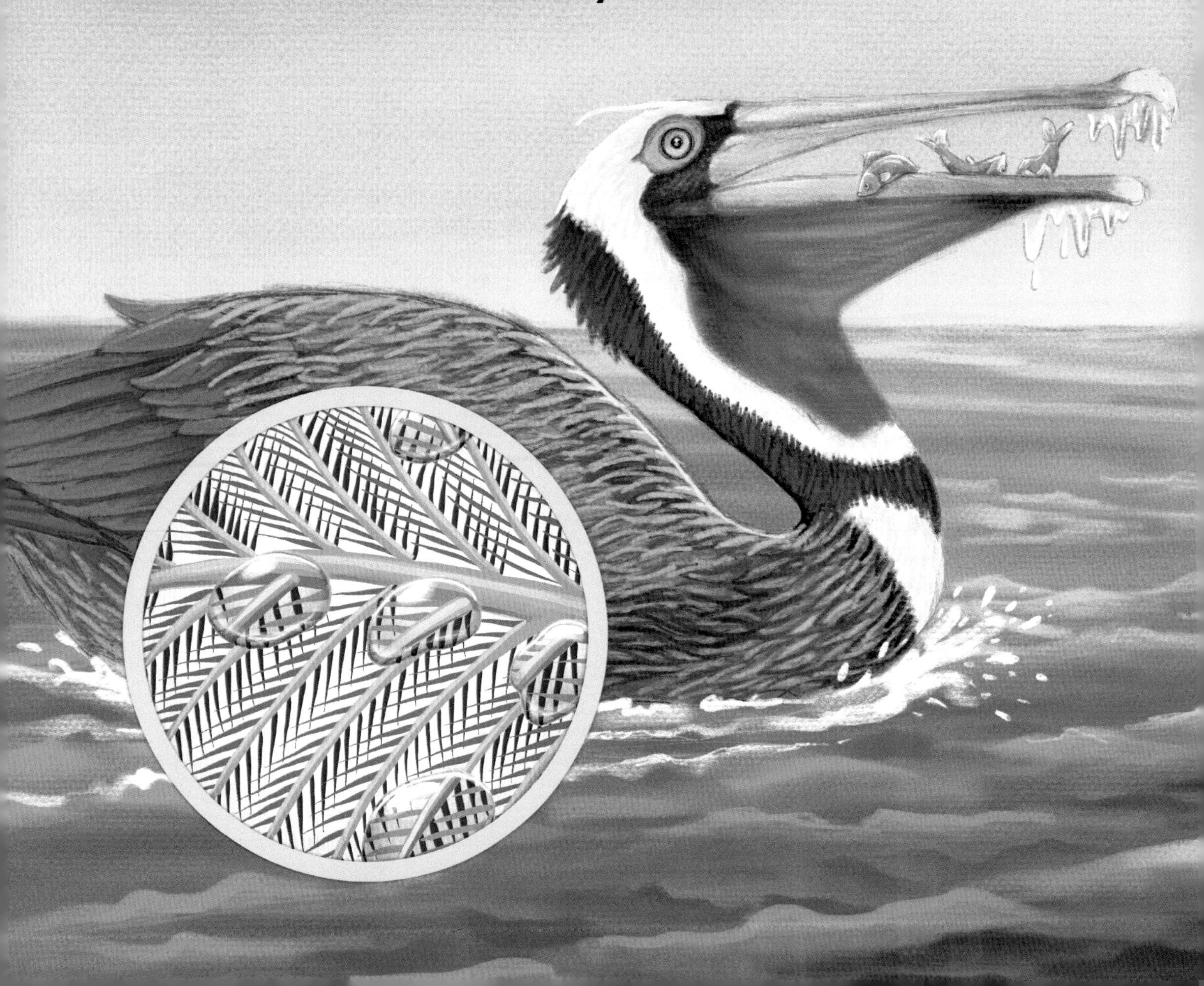

Las gotitas de agua se mueven y se deslizan por el traje seco y plumoso. Sin la impermeabilización, el agua penetraría esa capa. Los pelícanos se mojarían y se helarían. No pueden despegar del suelo y tampoco flotar. Cuando utilizan sus picos para acicalarse—limpiar y acomodar sus plumas—tragarán el petróleo que está en las mismas. Esto puede hacer que se enfermen.

Los derrames de petróleo afectan a muchos animales, no solamente a los pelícanos. Todo lo que vive cerca y en el agua—salamandras, cangrejos herradura, ranas, tritones, tortugas, libélulas y cangrejos cacerola—puede quedar cubierto con petróleo. Al igual que los pájaros, ellos también podrían enfermarse. Podrían morir.

Algunas veces, los derrames de petróleo son enormes, pero no toma tanto tiempo en afectar al agua y a los animales. Piensa en lo rápido que se esparce una gota de aceite en el agua sobre una superficie grande.

Y, no solamente es el petróleo que se derrama de los barcos y plantas de energía lo que puede afectar a los animales. El combustible diésel, gasolina, combustible de aviones, e incluso aceite de cocinar puede colarse en el medio ambiente y afectar la vida salvaje.

Los trabajadores se apuran al lugar para limpiar el agua y la costa. ¿Quién limpia a los animales?

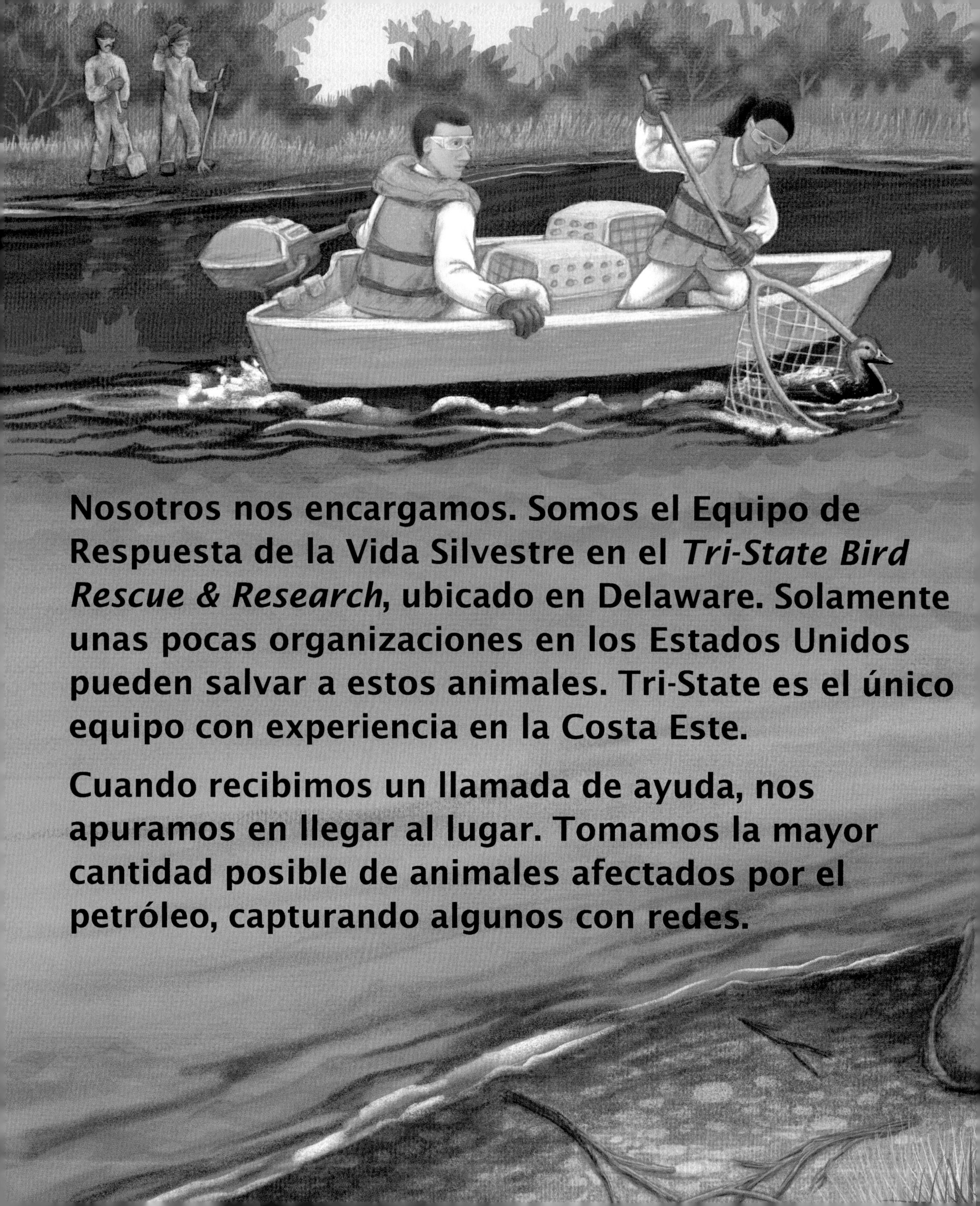

Nosotros nos encargamos. Somos el Equipo de Respuesta de la Vida Silvestre en el *Tri-State Bird Rescue & Research*, ubicado en Delaware. Solamente unas pocas organizaciones en los Estados Unidos pueden salvar a estos animales. Tri-State es el único equipo con experiencia en la Costa Este.

Cuando recibimos un llamada de ayuda, nos apuramos en llegar al lugar. Tomamos la mayor cantidad posible de animales afectados por el petróleo, capturando algunos con redes.

IRT 001

Los llevamos a Tri-State, para que podamos tratarles lo más rápido posible. En nuestra “Sala de emergencias”, los veterinarios y asistentes examinan los animales para determinar qué tan enfermos están y cuál es la mejor manera de cuidarlos. El petróleo también puede ser peligroso para las personas, por lo que, vestimos trajes y guantes para protegernos.

Estos son animales salvajes y no quieren estar acá. No se sienten bien y probablemente temen a las personas.

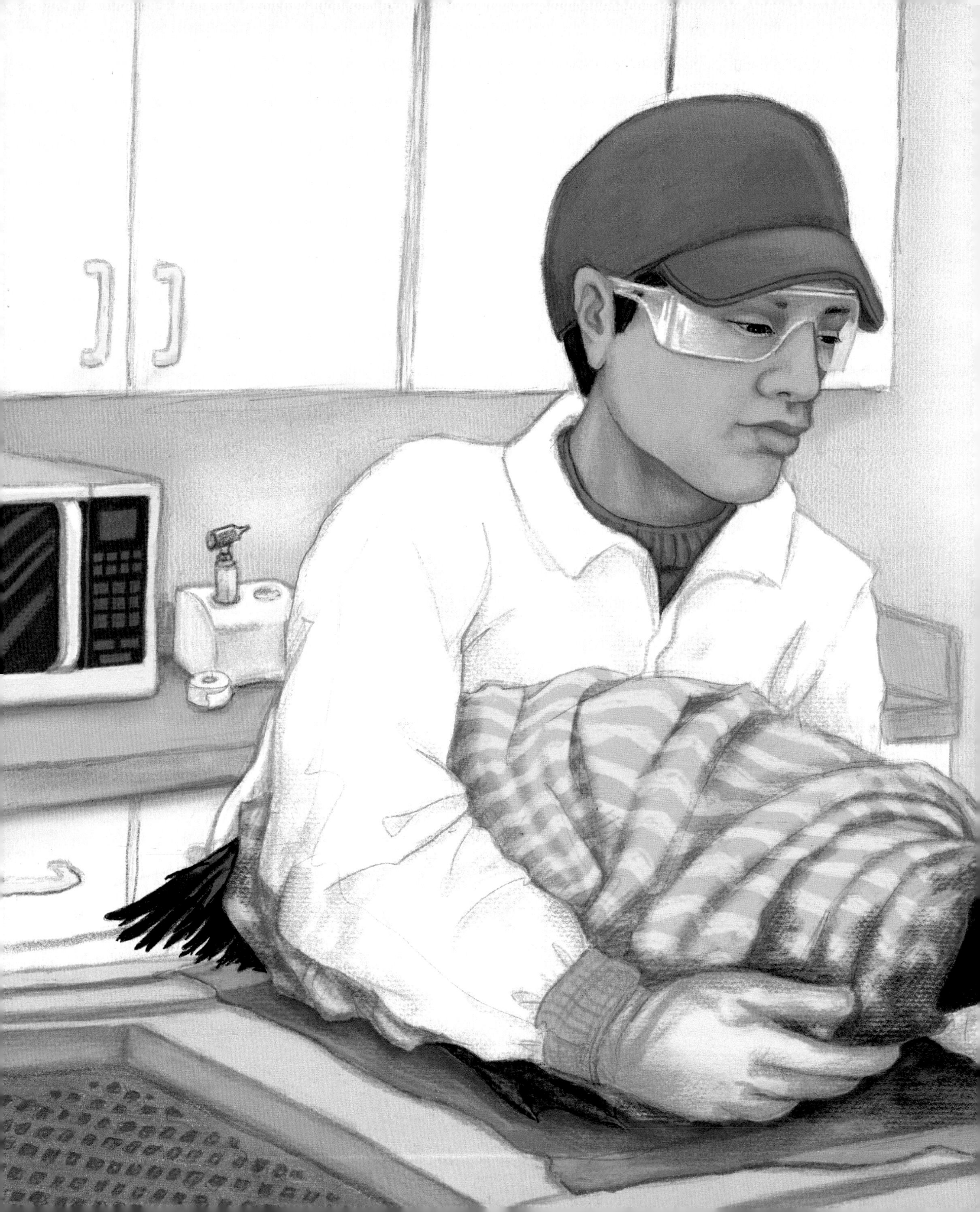

Cuando un animal llega, lo examinamos muy cuidadosamente. ¿Qué tipo de animal es? ¿Cuántos años tiene?

¿Está activo y alerta, o cansado y débil? ¿Qué tipo de crudo tiene encima? ¿Está cubierto de petróleo o solamente en algunos puntos? Examinamos cuidadosamente todas las partes de su cuerpo, incluyendo dentro de su boca. Revisamos su respiración. ¿Es lenta o rápida? ¿Hay algún silbido en su respiración?

Después del examen, decidimos cómo lo curaremos. Puede que, gentilmente, le coloquemos un tubo en su estómago para darle fluidos y medicina para proteger sus entrañas del petróleo.

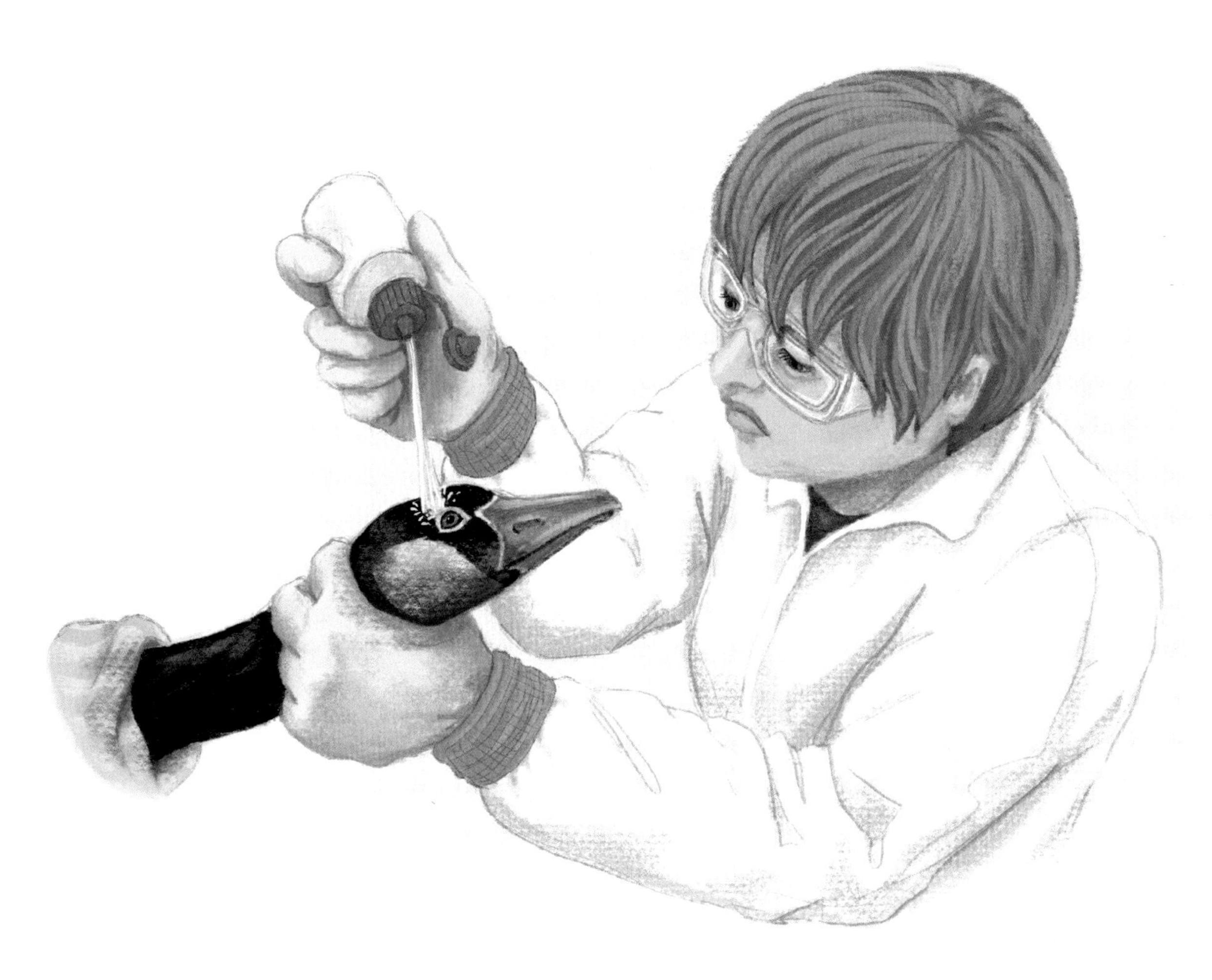

Enjuagamos sus ojos y limpiamos su boca y fosas nasales. Nos aseguramos de que los animales que cuidamos estén cálidos en invierno y frescos en el verano. Si les da mucho calor o mucho frío podrían morir.

La única forma de ayudarles es quitarles el petróleo. Para hacer esto, tenemos que lavarlos y enjuagarlos.

Lavar y enjuagar puede tomar mucho tiempo y requiere de muchos ayudantes. Puede que tengamos que usar seis tinas, cada una con una cantidad diferente de detergente.

A las aves las movemos de tina en tina hasta que todo el petróleo se desprenda. Usamos herramientas suaves, como cepillos tersos y motas de algodón para ayudar a quitar el petróleo. Las aves normalmente tienen una temperatura de 104°F (40°C), por lo que las lavamos y enjuagamos en agua calentada a esa temperatura.

En muchos casos, se requieren de dos a tres personas para lidiar con un ave durante 30 minutos o más de lavado. Una sostiene al ave y otra la lava, asegurándose de que el jabón no entre en los ojos o boca del ave. Otro grupo enjuaga al ave. Eso puede tomar otros 30 minutos o más. Tratamos de quitar el petróleo en un lavado y enjuagado. Cuando el agua rueda por las plumas del ave sabemos que está limpia y su proceso de impermeabilización puede comenzar. Luego las secamos con lámparas de calor y sopladores, iguales a esos que se usan para secar a perros y gatos. Puede tomar hasta dos horas para que el ave se seque, dependiendo de qué tan gruesas sean sus plumas y si está acicalándose o no.

Tenemos que conocer mucho acerca de estos animales para cuidarlos de forma apropiada. En el caso de las aves debemos saber si viven solas o en una bandada. ¿Pasan la mayor parte del tiempo en el agua? ¿Pueden caminar en la tierra? Debemos alimentarlas con lo que comen en su hábitat, por lo que debemos conocer qué comen y cómo encuentran sus alimentos. ¿Migran? ¿Hacia dónde y cuándo?

Si el ave está acostumbrada a una bandada, como un ánade azulón o un ganso de Canadá, entonces irá a una zona con otras aves. Los colimbos y somorgujos prefieren estar solos. Ellos se cuidan a sí mismos. Y, debido a que son aves de agua, sus patas están en la parte trasera de sus cuerpos. No caminan realmente. En la naturaleza, solamente salen del agua para incubar huevos. Estos deben ir a una jaula que tiene malla en la parte de abajo, al igual que una hamaca, para apoyar sus cuerpos y mantenerse cómodos.

Una vez que el ave está seca es colocada en una jaula limpia con agua y comida. Le rociaremos varias veces un poco de agua para verificar que sus plumas estén impermeabilizadas. Continuará acicalándose para que sus plumas vuelvan a su lugar. En un par de días, le moveremos a una jaula en el exterior con una piscina, en caso de que el clima se preste para ello. Si hace mucho frío, entonces preparamos una piscina en el interior. Les damos a las aves tiempo de nadar y acicalarse para asegurarnos de que están impermeabilizadas.

Puede tomar días y semanas para que las aves se impermeabilicen y estén listas para ser liberadas. Cuando están preparadas para irse, colocamos una banda metálica en una de sus patas. Estas bandas tienen números para que podamos identificarlas en el futuro.

Siempre apuntamos a regresar a los animales al mismo lugar en el que los encontramos. Pero solamente podemos hacer esto si el sitio ya está limpio y libre de petróleo. De otra forma, puede que tengamos que encontrar otro espacio cercano para liberarlas.

Nuestra parte favorita de este proceso es la liberación. Un pato vuela a casa, una garza regresa a su río, las tortugas se arrastran de vuelta hacia sus pozas. Esperamos que no tengamos que volver a verlos de nuevo, pero si nos necesitan estaremos allí sin falta.

Para las mentes creativas

Esta sección puede ser fotocopiada o impresa desde nuestro sitio web por el propietario de este libro para fines educativos y no comerciales. También hay disponibles en línea actividades de enseñanza transdisciplinaria para su uso en casa o en el salón de clases, pruebas interactivas y más.

Visita www.ArbordalePublishing.com para explorar recursos adicionales.

Prevenir derrames de petróleo y ayudar a los animales

Las personas que escuchan la frase "derrame de petróleo" generalmente piensan en una tubería de crudo que se rompe, así como en una plataforma o un barco con derramamientos de crudo negro y brillante que flota en el agua y llega a la tierra. Mientras que ese es un tipo de derrame, otros combustibles, e incluso el aceite para cocinar, pueden esparcirse rápidamente en el agua y las costas. Cualquier tipo de derrame de aceite puede afectar la habilidad de impermeabilización de los animales. Los animales cubiertos de petróleo pueden mojarse y enfriarse. También pueden tragar el combustible, lo que les enfermaría.

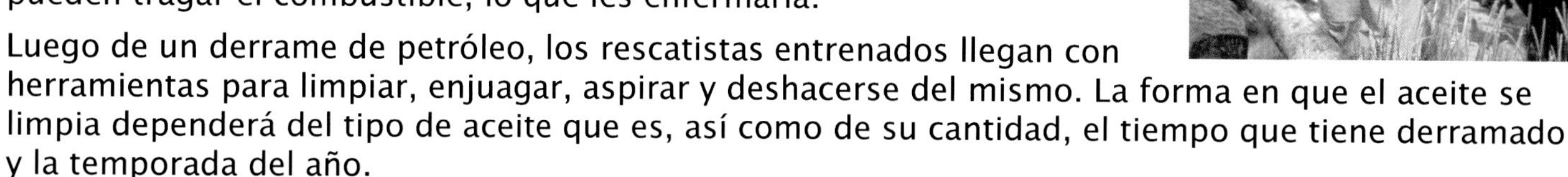

Luego de un derrame de petróleo, los rescatistas entrenados llegan con herramientas para limpiar, enjuagar, aspirar y deshacerse del mismo. La forma en que el aceite se limpia dependerá del tipo de aceite que es, así como de su cantidad, el tiempo que tiene derramado y la temporada del año.

Incluso en nuestras casas podemos ayudar a prevenir este tipo de derrames al:

- Colocar tapas en objetos que contengan cualquier tipo de aceite o grasa, incluso la mantequilla de maní, antes de tirarlas.
- Deshacerse del aceite de cocinar de la forma correcta. Dejar que se enfríe y colocarlo en un contenedor con una tapa.
- No botar ningún tipo de aceite al exterior, a la basura o a las cañerías.
- Revisar y hacer mantenimiento a los tanques de aceite internos y externos porque pueden oxidarse y desarrollar fugas.
- Pensar en cómo usar menos combustibles y aceites, ya sea utilizando nuestras bicicletas, caminando o compartiendo vehículos en lugar de usar nuestro vehículo para viajar solos.
- Apagar las luces y dispositivos electrónicos cuando no estén en uso, tales como televisores y computadoras.
- Usar menos electricidad significa usar menos combustibles.

Además de los combustibles, la basura también puede afectar la vida salvaje. ¿Cómo puedes ayudar a los animales para que estén libres de polución?

- Cuando veas basura levántala y colócala en un cesto de reciclaje o un basurero con tapa para que los animales no se enreden en la misma o la lleven de vuelta a sus casas. Los hilos de pescar, cuerdas de cometas, globos y bolsas de plástico son un tipo de basura especialmente peligrosa.
- Vuelve a pensar la forma en la que usas el plástico y reduce la cantidad de basura que produces. Empaca tu almuerzo en contenedores reusables en lugar de bolsas de plástico. Usa una botella reutilizable de agua.
- Organiza un día de limpieza cerca de casa o en tu escuela.
- Pregúntale a tu director acerca de programas de reciclaje en tu escuela si ves que no hay ninguno activo.

Identificación de vida salvaje

Los derrames de petróleo pueden afectar animales que viven en el agua y sus alrededores. ¿Puedes identificar a los animales que fueron ayudados en Tri-State?

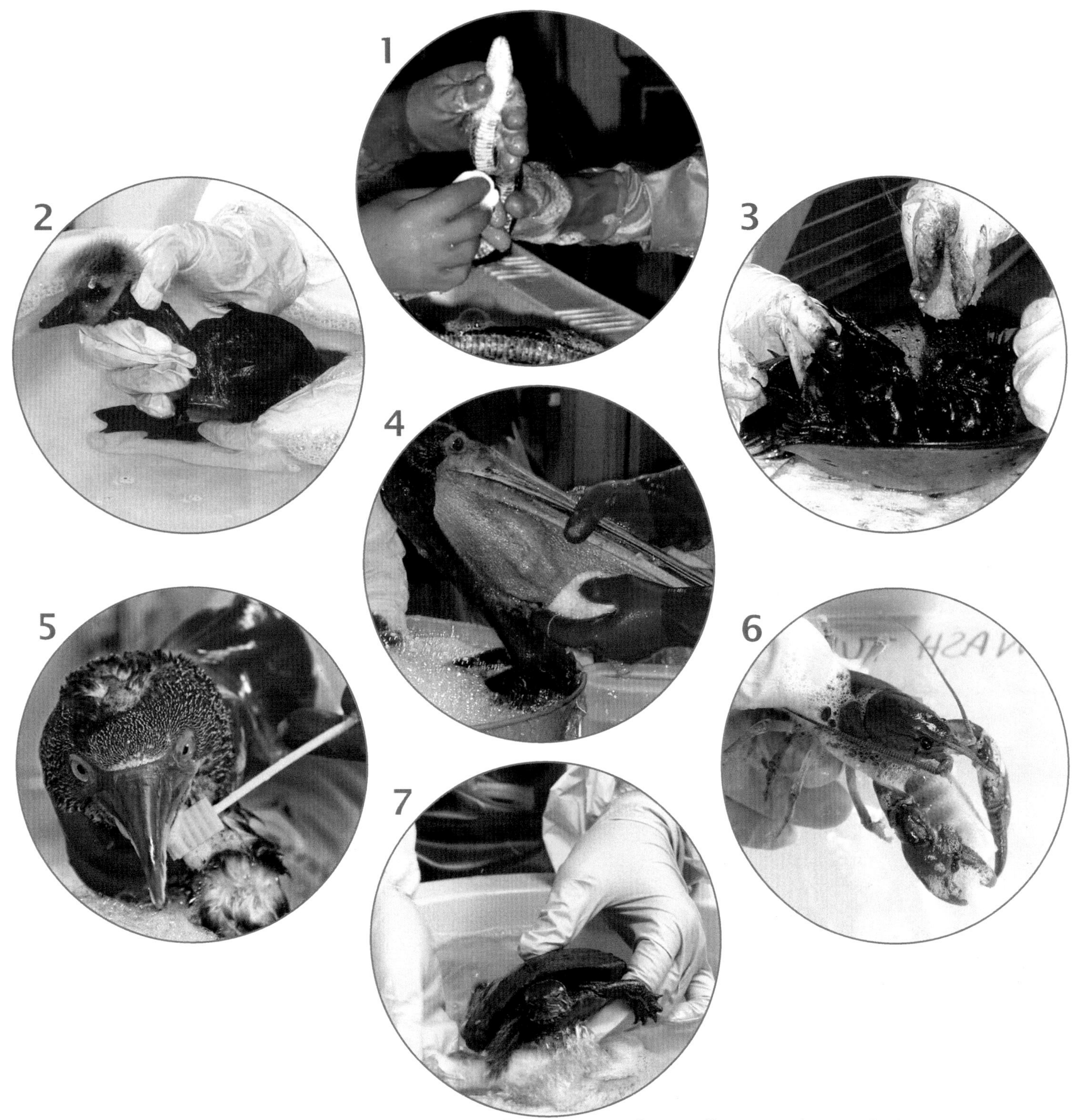

Respuestas: 1. Serpiente, 2. Ganso joven, 3. Cangrejo cacerola, 4. Pelícano, 5. Alcatraz, 6. Cangrejo, 7. Tortuga.

PyR con la Directora Ejecutiva de Tri-State, Lisa Smith

¿Qué tan seguido rescatas animales afectados por petróleo y otros combustibles?
Nunca sabemos cuándo va a ocurrir un derrame de crudo o si los animales se verán afectados, por lo que tenemos que estar listos todo el tiempo.

¿Cuál ha sido el derrame más grande en el que hayas intervenido?
El derrame del 2010 en el Golfo de México. Establecimos centros de tratamiento en Louisiana, Mississippi, Alabama y Florida. Cuidamos a más de 2000 aves. Los pelícanos marrones fueron los pacientes más comunes.

¿Cuál es el animal más difícil de limpiar y por qué?
Cada animal es un reto. Los pelícanos pueden ser complicados. Generalmente quedan con petróleo dentro de sus bolsas. Eso tiene que ser limpiado con mucho cuidado. Las aves de agua como los colimbos tienen plumas muy densas a las que toma mucho tiempo poder limpiar. Este tipo de aves son complicadas ya que no pueden quedarse de pie como los gansos o los patos. Les colocamos en jaulas especiales que tienen fondos similares a las hamacas. Trabajamos fuerte para poder limpiarlas y colocarlas en piscinas lo más rápido posible.

¿Cuál es el animal más grande al que has ayudado? ¿Y el más pequeño?
¡Los más grandes han sido castores y tortugas mordedoras que pesan más de 50 libras! Y los más pequeños han sido pájaros cantores, pequeñas tortugas, ranas, salamandras y cangrejos.

¿Cuánto cuesta cuidar y curar animales afectados por petróleo y otros crudos?
Depende de las circunstancias, pero es caro. Necesitamos muchas personas con experiencia, y el tratamiento profesional aumenta las probabilidades de que el animal pueda regresar a la naturaleza, por lo que vale la inversión.
Otros costos incluyen:

- La comida correcta, como pescados para los pelícanos.
- Provisiones médicas y equipos de seguridad, tales como trajes y guantes.
- Deshacernos del agua con desechos de combustible que recolectamos durante la limpieza.
- Combustible para calentar agua para el lavado.

Quieres que los animales que cuidan mantengan su condición de salvajes para que puedan ser liberados. ¿Estos animales se encariñan con ustedes?
No, tratamos de no hablarles ni conversar cerca de ellos. Nos aseguramos de que no sean tratados como mascotas. Queremos que regresen al hábitat natural al que pertenecen.

¿Qué tan complicado es capturar animales afectados por el combustible?
Depende del tipo de combustible y la cantidad que está sobre el animal. Si es crudo pesado, como petróleo, generalmente es fácil capturar a los animales. Si el aceite es liviano, como combustible diésel, entonces se complica el proceso de captura. Puede que todavía puedan volar para escaparse. Algunas veces usamos trampas especiales o redes impulsadas para capturar aves que todavía pueden volar.

¿Quién cuida a los animales?
La mayoría de nuestro personal tiene experiencia en biología y ciencia animal. Son voluntarios en Tri-State o han trabajado en lugares como Tri-State. Nuestros veterinarios tienen certificaciones muy especiales. Algunos miembros del personal son técnicos veterinarios. El personal o voluntarios que estarán trabajando con mamíferos (como los mapaches) deben tener vacunas en contra de la rabia para poder tratar de forma segura a estos animales.

¿Cuál es la mejor parte de tu trabajo?
Una es ver la buena cantidad de personas que se preocupan por la naturaleza y la forma en que trabajan para ayudar. La otra es regresar a los animales a sus hogares salvajes una vez que el proceso de rehabilitación ha sido completado.

¿Qué debo hacer si encuentro un animal afectado por petróleo?
Llama a un rehabilitador licenciado de vida salvaje. Todos los animales son diferentes. Si no tienes experiencia en cómo tratar a estos animales, puedes resultar herido o herirlos. El petróleo puede ser peligroso para las personas. No lo toques con las manos expuestas. Los guantes de látex no te protegerán de sustancias peligrosas. Si ves un derrame de combustible, por favor llama al Centro Nacional de Respuesta al (800) 424-8802.

Gracias a Lisa Smith de Tri-State Bird Rescue & Research por asegurar la precisión de la información de este libro.

Los créditos fotográficos son del Tri-State Bird Rescue & Research y del EXXON VALDEZ Oil Spill Trustee Council, puntualmente en las imágenes usadas en la sección Para mentes creativas.

Library of Congress Cataloging-in-Publication Data

Names: Curtis, Jennifer Keats, author. | Yee, Tammy, illustrator. | Tri-State Bird Rescue & Research, author, photographer.
Title: Rescate en el rbio / por Jennifer Keats Curtis y Tri-State Bird Rescue & Research, Inc. ; ilustrado por Tammy Yee.
Other titles: River rescue. Spanish
Description: Mt. Pleasant, SC : Arbordale Publishing, LLC, 2019. | Includes bibliographical references. | Audience: Age 4-9. | Audience: K to Grade 3.
Identifiers: LCCN 2018051747 (print) | LCCN 2018052921 (ebook) | ISBN 9781607188780 (Spanish PDF) | ISBN 9781643513157 (Spanish ePub3 with audio) | ISBN 9781607188803 (Spanish read aloud interactive) | ISBN 9781607188759 (Spanish pbk.) | ISBN 9781607188230¬(English hardcover) | ISBN 9781607188353-(English pbk.)
Subjects: LCSH: Oil spills and wildlife--Juvenile literature. | Birds--Effect of oil spills on--Juvenile literature.
Classification: LCC QH545.O5 (ebook) | LCC QH545.O5 C8818 2019 (print) | DDC 363.738/2--dc23
LC record available at https://lccn.loc.gov/2018051747

Frases clave: educación ambiental, ayudar a los animales, derrames de petróleo

Bibliografía

Benoit, Peter. The Exxon Valdez Oil Spill. Children's Press, 2011. Impreso
"Journey of an Oiled Juvenile Northern Gannet." YouTube, YouTube, 21 de enero, 2016, Internet
MiamiHerald. "Saving Louisiana's Wildlife One Pelican at a Time." YouTube, YouTube, 26 de mayo, 2010. Internet
"Ohio Spill Patient Release." YouTube, YouTube, 10 de diciembre, 2015. Internet
Lisa Smith, Executive Director, Tri-State Bird Rescue & Research; entrevista personal, múltiple, 2016 y 2017

Derechos de Autor 2019 © por Jennifer Keats Curtis y Tri-State Bird Rescue & Research, Inc.
Derechos de Ilustración 2019 © por Tammy Yee
Traducido por Alejandra de la Torre con Rosalyna Toth

La sección educativa "Para las mentes creativas" puede ser fotocopiada por el propietario de este libro y por los educadores para su uso en las aulas de clase.

Elaborado en los EE.UU.
Este producto se ajusta al CPSIA 2008

Arbordale Publishing
Mt. Pleasant, SC 29464
www.ArbordalePublishing.com